5 Décembre 1881.

P

SUCCESSION

DE

M. EMMANUEL MARTIN

A PARIS
DES PRESSES DE D. JOUAUST
Imprimeur breveté
338, Rue Saint-Honoré

CATALOGUE

D'UN

RICHE MOBILIER

BRONZES D'ART ET D'AMEUBLEMENT, MARBRES, IVOIRES
ANCIENNES PORCELAINES DE CHINE, DU JAPON, DE SAXE ET DE SÈVRES

TABLEAUX ANCIENS

ÉVENTAILS, DENTELLES, FOURRURES, CACHEMIRES

DIAMANTS, BIJOUX, CAMÉES

BEAUX LIVRES D'HEURES ET MANUSCRITS

NOMBREUSE ARGENTERIE

dépendant

DE LA SUCCESSION DE FEU M. EMMANUEL MARTIN

GARNISSANT SON HOTEL

et dont la Vente aura lieu

HOTEL DROUOT, SALLE N° 1

Les Lundis 5, *Mardi* 6, *Mercredi* 7, *Jeudi* 8, *Vendredi* 9
et Samedi 10 *décembre* 1881, *à deux heures de relevée*

COMMISSAIRES-PRISEURS

Me ESCRIBE Rue du Hanovre, 6	Me BERLOQUIN Rue Saint-Lazare, 6

XPERTS

Mr HARO, ✱, Peintre 14, Rue Visconti, et rue Bonaparte, 20	Mr A. BLOCHE Rue Laffitte, 44

CHEZ LESQUELS SE TROUVE LE PRÉSENT CATALOGUE

EXPOSITIONS

PARTICULIÈRE

Boulevard Maillot, 100, les Dimanche 27 et Lundi 28 novembre
A l'Hôtel Drouot, le Samedi 3 décembre

PUBLIQUE

Le Dimanche 4 décembre

DE UNE HEURE ET DEMIE A CINQ HEURES ET DEMIE

NOTA. — *L'Hôtel, boulevard Maillot,* 100, *est à vendre.*

CONDITIONS DE LA VENTE

Elle sera faite au comptant.

Les acquéreurs payeront, en sus des adjudications, cinq centimes par franc applicables aux frais.

L'Exposition mettant les acquéreurs à même de se rendre compte de l'état des objets mis en vente, aucune réclamation ne sera admise une fois l'adjudication prononcée.

TABLEAUX

BEAUME

1 — Le Petit Cavalier.

Gravé par Allais.

Signé à gauche.

Toile. — H. 45 c. L. 37 c.

BENARD

2 — La Marchande de poissons. Plage de Schewe-ningen.

Signé à droite.

Bois. — H. 34 c. L. 26 c.

BERRÉ

3 — Le Pâturage. Paysage avec figures et animaux.

Signé à droite.

Bois. — H. 23 c. L. 32.

BERTIN (Jean-Victor)

4 — Paysage historique.

Signé du monogramme et daté 1823.

Toile. — H. 80 c. L. 97.

BESCHEY (Balthazar)

5 — Vertumne et Pomone.

Signé à gauche.

Bois. — H. 32. c. L. 41 c.

6 — Vénus.

Pendant du précédent.

Bois. — H. 32 c. L. 41 c.

BRAWER (Attribué à)

7 — Intérieur de cabaret.

Bois. — H. 26 c. L. 21 c.

BRUANDET

8 — L'Approche de l'orage. Paysage avec figures et animaux.

Bois. — H. 24 c. L. 32 c.

CASTELLAN (Al.)

9 — Paysage. Bords du Tibre.

Signé à gauche.

Toile. — H. 56 c. L. 44 c.

COYPEL (A.)

10 — La Musique.

Toile. — H. 130 c. L. 95 c.

DELACROIX

11 — Les Pêcheurs.

Signé à gauche et daté 1775.

Toile. — H. 55 c. L. 38 c.

12 — Cascatelles de Tivoli.

Pendant du précédent.

Signé à droite et daté 1775.

Toile. — H. 55 c. L. 38 c.

DEMAY

13 — Le Charlatan. Fête de village.

Signé à droite et daté 1833.

Bois. — H. 29 c. L. 40 c.

DUGHET (Gaspard), dit POUSSIN

14 — Paysage italien.

Gravé par F. X. Fabre.

Toile. — H. 62 c. L. 72 c.

DUNOUY (A.)

15 — La Fête du dieu Pan. *Paysage historique dans la manière de Claude Lorrain.*

Signé à gauche.

Toile. — H. 88 c. L. 1 m. 15 c.

VAN FALENS (Attribué à)

16 — Les Pèlerins.

Toile. — H. 30 c. L. 24 c.

GRAAT (Bernard)

17 — Un Musico hollandais.

Signé à gauche.

Bois. — H. 22 c. L. 26 c.

GRANET

18 — Le Cénobite. Intérieur de cloître.

Signé à gauche et daté 1802.

Toile. — H. 30 c. L. 40 c.

GRŸEF (A.)

19 — Le Repos du chasseur.

Bois. — H. 27 c. L. 37 c.

19 *bis* — Le Fauconnier.

Pendant du précédent.

Signé au milieu en bas.

Bois. — H. 27 c. L. 37 c.

GUDIN (Th.)

20 — La Sortie du bateau à vapeur.

Signé à droite et daté 1847.

Toile. — H. 52 c. L. 68 c.

GUIDO RENI

21 — Le Dessin et la Peinture (allégorie).

Toile. — H. 72 c. L. 81 c.

HEEM (Cornelis de)

22 — Fruits : citrons, grenades et noisettes.

Toile. — H. 63 c. L. 42 c.

HOBBEMA (Attribué à)

23 — Chaumière. Bords de rivière.

Bois. — H. 18 c. L. 23 c.

LANCRET (Attribué à)

24 — Le Concert.

Panneau décoratif.

Toile. — H. 1 m. 13 c. L. 85 c.

LAPITO

25 — Un Torrent. Vue prise dans les Alpes.

Signé à droite et daté 1862.

Toile. — H. 50 c. L. 38 c.

LECLERC (des Gobelins)

26 — La Musique. Scène pastorale.

Bois. — H. 24 c. L. 30 c.

27 — Halte de militaires.

Signé au milieu et daté 1819.

Toile. — H. 10 c. L. 16 c.

LEPRINCE (Xavier)

28 — Le Départ de la diligence.

Signé à droite et daté 1819.

Toile. — H. 10 c. L. 17 c.

29 — L'Arrivée de la diligence.

Pendant du précédent.

Signé à droite et daté 1819.

Toile. — H. 10 c. L. 17 c.

LEPRINCE (D'après J.-B.)

30 — Le Printemps.

Bois. — H. 24 c. L. 42 c.

DE MARNE

31 — L'Abreuvoir. Paysage avec figures et animaux.

Bois. — H. 47 c. L 61 c.

DE MARNE

32 — Intérieur de famille.

Bois. — H. 26 c. L. 22 c.

DE MARNE

33 — La Partie de trictrac.

Bois. — H. 30 c. L. 28 c.

DE MARNE

34 — Le Passage du gué.

Composition dans la manière de Berchem.

Toile. — H. 52 c. L. 70 c.

MOLENAER

35 — Les Patineurs. Paysage : effet de neige.

Signé à gauche.

Bois. — H. 18 c. L. 25 c.

MURILLO (Attribué à)

36 — Le Miracle des roses : saint François.

Toile. — H. 74 c. L. 57 c.

OUDRY

37 — Paysage et animaux.

Peinture décorative.

Toile. — H. 95 c. L. 1 m. 28 c.

38 — Paysage et animaux.

Pendant du précédent.

Toile — H. 95 c. L. 1 m. 28 c.

39 — Paysage avec animaux.

Toile. — H. 1 m. 15 c. L. 1 m.

PATER (D'après)

40 — La Collation. Scène galante.

Bois. — H. 27 c. L. 34 c.

ROMANELLI

41 — Nymphe et Amour.

Toile. — H. 1 m. 30 c. L. 88 c.

RUYSDAEL (Attribué à S.)

42 — Paysage. Bords de rivière.

Bois. — H. 27 c. L. 34 c.

RUYSDAEL (J.)

43 — Paysage. Bords de rivière (effet du soir).

Toile. — H. 36 c. L. 55 c.

SCHŒWAERTS

44 — Les Saltimbanques. Kermesse : fête de village.

Toile. — H. 42 c. L. 58 c.

45 — Intérieur de village. Paysage avec figures et animaux.

Pendant du précédent.

Toile. — H. 42 c. L. 58 c.

SNAYERS ET BREUGHEL

46 — Une Kermesse.

Composition importante, nombreuses petites figures.

Toile. — H. 1 m. 10 c. L. 1 m. 55 c.

STEENWYCK (Henri) et BREUGHEL

47 — La Danse. Très curieuse composition.

Belle perspective linéaire et aérienne. Breughel ainsi que plusieurs des Franck ont souvent peint des figures dans les œuvres de ce peintre de mérite.

Toile. — H. 58 c. L. 85 c.

SWEBACH (Desfontaines)

48 — Bataille du mont Thabor.

Signée à gauche et datée 1803.

Toile. — H. 41 c. L. 65 c.

TÉNIERS (Attribué à)

49 — La Femme jalouse. Intérieur flamand.

Composition gravée.

Bois. — H. 48 c. L. 72 c.

50 — Paysage avec figures et animaux.

Signé à droite.

Bois. — H. 57 c. L. 81 c.

51 — Le Village. Paysage avec figures.

Toile. — H. 23 c. L. 33 c.

VERNET (Joseph)

52 — Une Tempête.

Toile. — H. 32 c. L. 48 c.

WATELET

53 — Le Torrent. Paysage, ciel nuageux.

Signé à gauche et daté 1849.

Toile. — H. 48 c. L. 65 c.

WATTEAU (D'après)

54 — La Danse.

Toile. — H. 81 c. L. 1 m. 12 c.

WOUWERMANS (d'après Philippe)

55 — Bataille.

Un escadron de cavalerie venant de la droite charge avec fureur un groupe de fantassins ; plusieurs hommes sont foulés aux pieds des chevaux, des officiers ramènent au combat des soldats qui ont quitté leurs rangs; au fond, plusieurs escadrons s'attaquent avec vigueur.

Le grand tableau original de Philippe Wouwermans est au musée de la Haye ; la même composition existe aussi à Munich sous le nom de Bataille de Nordlingen.

Toile. — H. 51 c. L. 98 c.

WYNANTZ (A.)

56 — Une Rue à Anvers.

Signé à gauche et daté 1829.

Bois. — H. 39 c. L. 34 c.

ZORG (Rokes, Henri-Martin)

57 — Accessoires de cuisine.

Bois. — H. 25 c. L. 31 c.

58 — Sous ce numéro seront vendus les tableaux non catalogués.

DESSINS

ET AQUARELLES

BERTIN

59 — Paysage.

Fixé.

CICERI (Eugène)

60 — Le Tréport.

Sépia.

DELIOUX DE SAVIGNAC

61 — Marine.

Fixé.

LECOMTE (Hippolyte)

62 — Le Retour du soldat.

Aquarelle.

MALLET

63 — Scène d'intérieur. Époque de la Révolution.
Gouache.

MOREAU Aîné

64 — Paysage.
Gouache.

HUET (J.-B.)

65 — Deux Gouaches : paysages.
Dans le même cadre.

HUET

66 — Nymphes surprises par des satyres, d'après Boucher.
Aquarelle.

PARROCEL (L.)

67 — Cavalier de la maréchaussée.
Signé du monogramme.

RENOUX

68 — Intérieur de chapelle.
Aquarelle.

ROBERT LEFÈBRE

69 — Portrait de Carle Vernet.

Dessin mine de plomb.

TAUNAY

70 — Les Plaideurs.

Fixé.

VAUZELLE

71 — Cathédrale de Palerme.

Aquarelle.

---

72 — L'Enlèvement.

Dessin à la plume lavé à l'encre.

73 — La Bascule.

Dessin à l'encre.

74 — La Musique.

Dessin à l'encre de Chine.

75 — Sous ce numéro, les dessins ou aquarelles non catalogués.

BIJOUX

1 — Beau Collier de trois rangs de perles, enrichi de six camées représentant, en haut relief, des bustes de personnages sur améthystes, aigues marines et hyacinthes. Monture en or, entourage en perles.

2 — Paire de très beaux Pendants d'oreilles formés de gros boutons brillants solitaires, de brillants pendeloques entourés de petits brillants.

3 — Grande et belle Broche de corsage, modèle fleurs et feuillages, avec gerbes et pampilles tout en brillants.

4 — Collier avec croix, appliques et pampilles en brillants.

5 — Joli Bracelet à quatre rangs de perles avec plaque au centre, composée d'une améthyste cabochon entourée de roses, enrichi de barrettes et d'un fermoir en roses.

6 — Porte-montre et Montre en or émaillé bleu, avec chiffre, couronne et rosace tout en roses.

7 — Broche de corsage, modèle à feuillages et pampilles tout en brillants.

8 — Paire de Pendants d'oreilles à trois pampilles tout en brillants.

9 — Cache-peigne monté en or, enrichi de brillants et de perles.

10 — Paire de beaux boutons d'oreilles, saphirs entourés de brillants.

11 — Grand Médaillon composé d'un gros saphir au centre et de quatre entourages de brillants et de saphirs.

12 — Belle Bague, saphir entouré de brillants.

13 — Pendentif avec pampilles tout en brillants.

14 — Bracelet or et émail bleu enrichi de brillants et de perles.

15 — Beau Collier composé de vingt-six camées sur matières orientales représentant des bustes d'hommes et de femmes ; monture en or.

16 — Bracelet composé de sept beaux camées durs à

plusieurs couches représentant des figures mythologiques ; monture en or.

17 — Bracelet composé de sept camées durs représentant des bustes d'hommes et de femmes; monture en or.

18 — Cache-peigne composé de cinq camées durs, bustes d'hommes et de femmes; monture en or.

19 — Grande Broche, camée dur, à deux couches, représentant un buste d'homme d'après l'antique; monture en or.

20 — Belle Broche formée d'un grand camée améthyste représentant une tête de bacchante en haut relief; monture en or enrichie de perles et de brillants.

21 — Paire de Boutons d'oreilles camées grenats; monture en or, entourage de perles.

22 — Joli Pendentif offrant au centre un camée turquoise à tête de chérubin entouré de brillants, d'émeraudes, de rubis, de saphirs et de roses.

23 — Jolie Garniture de trente-six boutons en cailloux du Rhin, époque Louis XVI.

24 — Médaillon composé d'un saphir avec étoiles en

diamants et de quatre entourages en saphirs et brillants.

25 — Châtelaine et Montre, style Louis XVI, ornées de peintures en grisaille; monture en or enrichie de strass.

26 — Bracelet en lapis et or.

27 — Petite Cassolette, forme livre, en or émaillé.

28 — Collier en or, modèle souple.

29 — Jolie Parure composée d'intailles sur pierres précieuses.

30 — Broche camée dur représentant un buste de femme en haut relief; monture en or.

31 — Deux Camées durs représentant des couples de bustes en bas-relief.

32 — Médaillon-camée jaspe sanguin représentant la tête du Christ; monture en or.

33 — Intaille sur agate herborisée; tête de Brutus.

34 — Cachet en or ciselé avec cornaline gravée; tête d'homme.

35 — Deux Cachets tournants, représentant, sur corna-

line blanche et cornaline rouge, les bustes de Napoléon Ier et de l'Impératrice ; monture en or.

36 — Bague marquise fond bleu, avec applique et entourage en brillants style Louis XVI.

37 — Grande Châtelaine en strass ornée de médaillons en émail peint représentant des portraits de femme.

38 — Petite Montre en or avec émail peint sur le boîtier, entourage en jargons Louis XVI.

39 — Bague ornée d'une perle blanche.

40 — Broche camée dur à deux couches, représentant le char de triomphe de Napoléon Ier.

41 — Bague intaille sur cornaline ; monture en or.

42 — Broche camée sur améthyste, monture en or enrichie de brillants et de perles.

43 -- Deux pièces camée et intaille.

44 — Agrafe de manteau en filigrane d'argent.

ARGENTERIE

45 — Onze Plats ronds en argent, à bords festonnés, de différentes grandeurs, pesant 8 kilogr. 75 grammes.

46 — Deux Grands Plats ovales, même grandeur, à bords festonnés, pesant 2 kilogr. 87 grammes.

47 — Deux Plats ovales, à bords festonnés, même grandeur, pesant 1 kilogr. 870 grammes.

48 — Grand Plateau rectangulaire, à deux anses, en argent, fond gravé, avec bordure à riches ornements Louis XV, pesant 4 kilogr. 700 grammes.

49 — Soupière en argent avec couvercle surmonté d'une figurine d'enfant, pesant 1 kilogr. 470 grammes.

50 — Soupière sur plateau en argent, forme Louis XV, pesant 855 grammes.

51 — Douze Plateaux de carafes, pesant 2 kilogr. 180 grammes.

52 — Deux Légumiers en argent, pesant 2 kilogr. 770 grammes.

53 — Un Légumier en argent, pesant 1 kilogr. 15 grammes.

54 — Saucière en argent, avec bordure à coquilles, pesant 1 kilogramme.

55 — Porte-huilier en argent, époque Empire, forme bateau, pesant 1 kilogr. 170 grammes.

56 — Ménagère en argent, pesant 930 grammes.

57 — Deux Bouts de table, pesant 775 grammes.

58 — Quatre Salières, pesant 450 grammes.

59 — Chocolatière tripode, en argent, forme Louis XIV et du temps.

60 — Chocolatière en argent d'Odiot, pesant 1 kilogr. 260 grammes.

61 — Cafetière en argent repoussé et gravé, style Louis XVI, pesant 820 grammes.

62 — Bouilloire avec réchaud forme support, et plateau riche modèle à rocailles et ornements en gravure, pesant 3 kilogr. 985 grammes.

63 — Théière en argent, pesant 925 grammes, même modèle.

64 — Sucrier en argent même modèle, pesant 830 grammes.

65 — Cafetière en argent même modèle, pesant 1 kilogr. 5 grammes.

66 — Pot à crème même modèle, pesant 420 grammes.

67 — Bol à double fond en vermeil même modèle, pesant 1 kilogr. 10 grammes.

68 — Poêlon sur support à réchaud en argent, pesant 495 grammes.

69 — Poêlon en argent, pesant 780 grammes, travail français Louis XVI.

70 — Petit Plateau à glace, pesant 240 grammes.

71 — Sucrier et Pot à crème en vermeil ciselé, époque Empire, pesant 480 grammes.

72 — Deux Ronds de serviettes en argent doré, repercé et gravé; sujets de chasse et médaillons, pesant 55 grammes.

73 — Trente Fourchettes et vingt-quatre Cuillères, pesant 6 kilogr. 210 grammes.

74 — Louche en argent même modèle, 410 grammes.

75 — Deux Grandes Cuillères à ragoût, pesant 270 grammes.

76 — Pince à asperges, pesant 225 grammes.

77 — Truelle et Fourchette à poisson.

78 — Manche à gigot en argent.

79 — Dix-huit Fourchettes à poisson.

80 — Service à hors-d'œuvre composé de huit pièces.

81 — Vingt-quatre Couteaux de table à manches d'argent.

82 — Deux couverts à découper en argent.

83 — Couvert à salade avec manches en vermeil.

84 — Vingt-quatre Couteaux à dessert à manches et lames d'argent.

85 — Dix-huit Couverts d'entremets, en argent, même modèle, pesant 2 kilogr. 180 grammes.

86 - Douze Cuillères à café même modèle, pesant 380 grammes.

87 — Trente Couverts en vermeil, pesant 4 kilogr. 160 grammes.

88 — Trente-six Petites Cuillères en vermeil, pesant 1 kilogr. 40 grammes.

89 — Paire de Ciseaux à raisin en vermeil, pesant 135 grammes.

90 — Pelle à glace en vermeil.

91 — Deux Pinces à sucre en vermeil, pesant 105 grammes.

92 — Cuillère à sucre en vermeil, pesant 75 grammes.

93 — Cinq Cuillères à compotes, pesant 515 grammes.

94 — Passoire à thé, en vermeil, pesant 15 grammes.

95 — Douze Cuillères à café, en vermeil, pesant 190 grammes.

96 — Six petites Cuillères mignonnettes à café, pesant 65 grammes.

97 — Six Pelles à sel, en vermeil, pesant 55 grammes.

98 — Vingt-quatre Couteaux à dessert, avec manches et lames en vermeil.

99 — Vingt-quatre Couteaux à dessert à lames d'acier, manches en argent.

100 — Deux Seaux à champagne argentés, forme Louis XV.

101 — Corbeille à pain argentée, gravée et garnie de ceps de vigne.

102 — Plateau, élevé sur quatre pieds, argenté et gravé.

103 — Plateau à deux anses, argenté et gravé.

104 — Deux autres Plateaux à deux anses, argentés et gravés.

105 — Vingt-huit supports de surtout de table en bronze doré, modèle à dauphin.

MARBRES ET BRONZES

106 — Buste d'*Apollon* en marbre blanc, sur colonne en marbre blanc.

107 — Buste de *Brutus* en marbre blanc, sur gaîne en marbre noir.

108 — Grand et beau Cartel Louis XVI en bronze doré.

109 — Buste de *Jeune Fille* en marbre blanc.

110 — Buste de *Petit Faune* en marbre blanc.

111 — Buste de *Jeune Fille* coiffée à la grecque, en marbre blanc.

112 — Colonnette en marbre griotte.

113 — Deux Colonnettes en marbre polychrome.

114 — Buste de l'*Enfant Jésus* en marbre.

115 — Buste de la *Sainte Vierge* en marbre.

116 — Deux Colonnettes en marbre blanc.

117 — Deux Groupes en bronze, *Silène et Bacchus* et le *Pâtre chevrier*, d'après l'antique, sur socles en bois de palissandre incrusté de cuivre.

118 — Deux gaînes d'applique en marbre polychrome.

119 — Joli groupe en bronze, *Mercure et Vénus*, enlèvement, sur socle en marbres de différentes couleurs, garni de bronze doré Louis XVI.

120 — Statuette de *Mercure* en bronze, sur socle en marbre garni de bronze doré.

121 — Statuette de *Renommée* en bronze sur socle en bronze.

122 — Deux groupes de trois figures (enlèvement) montés sur socles en bronze doré, style Louis XIV.

123 — Deux gaînes d'applique en marbre polychrome.

124 — Joli groupe en bronze, *Satyre et Bacchante*, sur socles en bronze ornés de béliers et de cariatides de satyres, en bronze doré.

125 — Beau groupe en bronze, *Hercule et Cerbère*, fondu à cire perdue, sur socle en bois noir orné de bronze doré.

126 — Statuette en bronze, allégorie des Sciences, sur socle en bois noir.

127 — Très belle garniture de cheminée en bronze doré composée d'une pendule d'aspect monumental représentant des amours tenant des guirlandes de roses autour d'un vase couvert de fleurs ; de chaque côté du cadran se dessinent des guirlandes de laurier et de roses qui se rattachent aux extrémités du monument et tombent en traîne, et de deux candélabres formés de groupes de nymphes d'après Falconnet sur socles à guirlandes de fruits et de fleurs et portant des bouquets de lis à sept lumières.

128 — Paire de Flambeaux en bronze doré formés de figures de satyres et de bacchantes assises sur des dauphins et des chimères.

129 — Deux Chenets en bronze doré style Louis XV, représentant des allégories de l'automne figures d'enfants posés sur de grandes rocailles.

130 — Porte-Pelle et Pincettes, avec ses accessoires, en bronze doré.

131 — Deux paires d'appliques bouquets de lis à huit lumières en bronze doré Modèle à Syrènes et dauphins.

132 — Grand Lustre à trente-six lumières, en bronze ciselé et doré représentant des bouquets de fleurs de toutes sortes avec cartouches entourés de guirlandes.

133 — Paire de Girandoles à trois lumières, en bronze doré style Louis XV.

134 — Paire de bouts de table à deux lumières en bronze doré style Louis XV.

135 — Deux Statuettes en bronze : *l'Enfant au nid* et *l'Enfant à l'oiseau*, d'après Pigalle, sur socles en marbre griotte.

136 — Deux Gaînes d'appliques en marbre polychrome.

137 — Statuette de la *Vénus pudique*, en marbre blanc.

138 — Statuette d'*Apollon*, en marbre blanc.

139 — Statuette de Nymphe couchée, en marbre blanc.

141 — Paire de Chenets en bronze doré, style Louis XVI.

142 — Beau groupe : *le Baiser* de *Houdon*, en bronze doré, finement ciselé, socle en marbre vert de mer garni de bronze doré.

143 — Bougeoir en porcelaine de Tournai, fond bleu turquoise, monté en bronze doré.

144 — Grande et belle Garniture de cheminée, composée de :

Une grande Pendule en bronze doré, surmontée d'un vase en porcelaine tendre de Saint-Amand, monté en bronze doré, orné d'une guirlande de feuillage et surmonté d'une couronne. Le sujet représente *les Liseuses,* et le bas de la pendule est orné de deux portraits des époques Louis XV et Louis XVI, avec peinture sur porcelaine représentant des amours.

Et de deux Vases en même porcelaine fond gros bleu avec médaillons, sujets mythologiques et marines, formant lampes. Montures en bronze doré.

145 — Joli Bougeoir forme Louis XV, en bronze doré; figure d'enfant tenant un lis.

146 — Joli petit Cartel en bronze doré, porté par un sanglier, sur socle à rocailles, et orné de fleurs en porcelaine, époque Louis XV.

147 — Paire de Flambeaux en bronze doré, représentant des enfants sur des crocodiles.

148 — Statuette de Baigneuse d'après Falconnet, sur socle en bronze.

149 — Deux Statuettes en bronze d'après Falconnet, *le Silence* et *Garde à vous*, sur socles en bronze à rocailles.

150 — Jolie Pendule avec socle-console d'applique en marqueterie de Boule, ornée de bronze doré.

151 — Paire de Flambeaux en bronze doré, formés de groupes de cariatides de femmes, style Louis XVI.

152 — Jolie Pendule, formée par une statuette en marbre blanc, *la Liseuse*.

153 — Deux Statuettes en marbre blanc, style Louis XIV.

154 — Paire de Chenets en bronze, *les Amours musiciens*.

155 — Deux Chiens en marbre.

156 — Suspension en bronze poli et repercé à une lampe ornée de cariatides de femmes ailées, style Renaissance.

157 — Paire de Vases en émail cloisonné du Japon, fond bleu turquoise à oiseaux et fleurs.

158 — Paire de Candélabres en bronze doré, à cinq lumières, formés par des groupes d'enlèvement.

159 — Deux paires d'Appliques à deux lumières, en bronze doré, formées de cariatides, style Louis XV.

160 — Grande Pendule, d'aspect monumental, en marbre jaune de Sienne, ornée de bronze doré avec groupe de deux figures, *l'Amour couronné par Psyché*.

161 — Deux Candélabres, formés de figures d'enfants

portant des bouquets de fleurs à six lumières, sur socles en bronze doré à guirlandes de fruits.

162 — Paire de Flambeaux en bronze doré, formés de figures d'Égyptiennes.

163 — Statuette en bronze, *le Vaincu de Marathon*, sur socle en marbre vert.

164 — Deux Statuettes en bronze, *Voltaire et Jean-Jacques Rousseau*, sur socles en marbre vert, garnis de bronze doré.

165 — Deux Statuettes en bronze, *le Chevrier* et la *Vénus pudique*, sur socles en marbre griotte.

166 — Statuette en bronze, *Orphée* (XVIe siècle), sur socle en marbre griotte.

167 — Groupe en bronze, *Silène et Bacchus*, sur socle en marbre griotte.

168 — Paire de Chenets représentant *la Musique*, en bronze, partie dorée.

169 — Suspension en porcelaine de Chine, partie ancienne et monture en bronze doré.

170 — Statuette en bronze (allégorie de la Musique), sur socle en marbre griotte.

171 — Buste d'enfant en bronze sur socle en marbre.

172 — Buste de Henry III enfant, en bronze.

173 — Buste d'enfant, en bronze, avec socle en marbre blanc.

174 — Petit Groupe en bronze doré (*Bacchus et Chèvre*), sur socle en bois noir orné de bronze doré.

175 — Deux Statuettes (*Vendangeur* et *Vendangeuse*) en bronze doré, sur socle en marbre polychrome.

176 — Deux Bustes en bronze doré (*Louis XIV* et *Mazarin*).

177 — Statuette de petit Faune en bronze, sur socle en marbre jaune de Sienne.

PORCELAINES MONTÉES

178 — Grande et belle Coupe en porcelaine de Chine, décor à mandarins et objets variés en couleur sur fond d'or ; monture en bronze doré.

179 — Paire de Lampes en porcelaine de Chine, décor à mandarins et fleurs ; monture en bronze doré.

180 — Lustre à vingt lumières en porcelaine de Saint-Amand; fond bleu turquoise avec médaillons; monture en bronze doré.

181 — Belle Jardinière forme à contours, en porcelaine pâte tendre de Tournai, fond bleu de roi à rehauts d'or avec médaillons; sujets genre Watteau d'un côté, et médaillons à fleurs de l'autre côté; monture en bronze doré.

182 — Paire de Vases montés en cassolettes, en porcelaine pâte tendre de Tournai, forme côtelée à guirlandes de fleurs; fond bleu de roi à rehauts d'or (avec lampes).

183 — Paire de Candélabres à quatre lumières, en porcelaine pâte tendre de Tournai, avec médaillons à portraits historiques; fond gros bleu à rehauts d'or; monture en bronze doré.

184 — Jolie Coupe formée d'un plat en ancienne porcelaine de Chine de la famille verte, montée en bronze doré, avec quatre figures de sirènes autour du piédouche.

185 — Paire de Lampes formées de deux beaux Vases en ancienne porcelaine de Chine de la famille rose, décorés d'objets d'ameublement; monture en bronze doré.

186 — Paire de jolis cornets en ancienne porcelaine de Chine de la famille rose, décorés d'objets d'ameublement; monture en bronze doré.

187 — Paire de Cornets en ancienne porcelaine de Chine de la famille rose; décor à fleurs; monture en bronze doré.

188 — Jolie Fontaine formée d'une potiche en ancienne porcelaine du Japon, décor bleu, rouge et or; monture en bronze doré.

189 — Suspension à douze bougies et une lampe; en ancienne porcelaine de la famille verte; monture en bronze doré.

190 — Grande et belle Soupière avec couvercle et plateau en ancienne porcelaine du Japon; riche décor à fleurs et médaillons en bleu, rouge et or.

191 — Grande et belle Coupe à fruits, avec plat rond en ancienne porcelaine de Chine, décor à fleurs et feuillages, rehaussé d'or.

192 — Beau Légumier avec couvercle et plateau en ancienne porcelaine du Japon, décor à fleurs et médaillons fond rouge.

193 — Deux jolis Plats en ancienne porcelaine de Chine de la famille rose, décor à fleurs.

194 — Deux charmants Groupes de quatre figures en biscuit de Sèvres représentant l'*Éducation de Bacchus*.

195 — Joli Groupe en biscuit de Lorraine (*Léda et Jupiter*).

196 — Joli Groupe en biscuit de Sèvres (*Vénus et Adonis*).

197 — Deux Statuettes en biscuit (*Garde à vous*).

198 — Deux jolis Encriers en ancienne porcelaine de Chine de la famille verte, décor à fleurs.

199 — Deux jolis Encriers forme à côtes en ancienne porcelaine de Chine de la famille verte.

200 — Moutardier avec cuillère et plateau en ancienne porcelaine de Chine, famille verte.

201 — Beau plat ovale côtelé en ancienne porcelaine de Chine de la famille verte, décor oiseaux et fleurs, à rehauts d'or.

202 — Compotier côtelé en ancienne porcelaine de Chine de la famille verte; décor à fleurs, rehaussé d'or.

203 — Deux Compotiers en ancienne porcelaine du Japon, décor à bandes bleues et à fleurs.

204 — Deux beaux Plats en ancienne porcelaine de Chine, riche décor à grandes fleurs et oiseaux famille rose, rehaussé d'or.

205 — Deux Fraisiers avec plateaux en ancienne porcelaine du Japon ; décor polychrome.

206 — Jolie Soupière ovale avec plateau et couvercle en ancienne porcelaine de Saxe, surmontée d'une figure de l'*Abondance;* décor à fleurs.

207 — Deux Coupes en ancienne porcelaine de Chine, avec couvercles fond bleu, médaillon à fleurs de la famille verte; montures en bronze doré.

208 — Deux jolis Beurriers en ancienne porcelaine de l'Inde, décor à figures et fleurs, avec couvercles forme sarcelle.

209 — Deux Figurines Marquis et Marquise en porcelaine genre Saxe à la dentelle.

210 — Deux Figurines, petit garçon et petite fille, en biscuit pâte tendre.

211 — Trois Soupières en ancienne porcelaine du Japon, décor polychrome.

212 — Deux jolies Aiguières avec plateaux en ancienne porcelaine du Japon, décor à fleurs.

213 — Joli Lavabo en ancienne porcelaine de Chine, riche décor à personnages; monture en argent style Louis XIV.

214 — Jardinière bouquetière fond gaufré, décor à fleurs.

215 — Jardinière de forme analogue, décor à figure de Chinois.

216 — Écuelle avec couvercle et plateau en ancienne porcelaine de Sèvres, décor à fleurs.

217 — Théière en ancienne porcelaine de Chine, décor oiseaux et fleurs.

218 — Crachoir en ancienne porcelaine de Chine de la famille rose.

219 — Moutardier en ancienne porcelaine du Japon, décor à fleurs.

220 — Sucrier en ancienne porcelaine de Chine, décor à fleurs.

221 — Garniture de trois pièces en émail peint de la Chine, fond bleu turquoise, monture en bronze doré.

222 — Deux beaux Bustes en biscuit de Kronenbourg pâte tendre (l'*Été* et l'*Automne*), sur socle en marbre.

223 — Buste de La Fontaine en biscuit de Sèvres sur piédouche, décor gros bleu à rehauts d'or.

PORCELAINES DE CHINE
ET DU JAPON

224 — Trois jolies Assiettes en ancienne porcelaine de Chine de la famille rose offrant au centre des Jardinières garnies de fleurs et sur le bord des dessins style grec, des feuillages et des pivoines; le tout rehaussé d'or.

225 — Deux autres Assiettes en ancienne porcelaine de Chine, même décor, plus grandes que les précédentes.

226 — Jolie Assiette en ancienne porcelaine de la Chine de la famille verte; décor à oiseaux et fleurs, bordure fond pointillé.

227 — Jolie Assiette en vieux chine famille rose, décor oiseau fantastique et pivoine; bordure à grands lambrequins en rose et bleu turquoise.

228 — Assiette en vieux chine, décor rouge et or à oiseaux et fleurs.

229 — Assiette en vieux japon, décor tulipe et arabesques en bleu et rouge; bordure fond d'or avec pivoines et arabesques réservées.

230 — Deux Assiettes en vieux chine de la famille rose, décor oiseaux et fleurs; bordure à médaillons.

—

231 — Quatre jolies Assiettes en vieux chine de la famille rose, dessin au coq, bordure à lambrequins et fleurs.

232 — Assiette vieux chine famille rose; décor au coq et à fleurs.

233 — Douze jolies Assiettes en vieux chine de la famille verte, décorées de jardinières chargées de fleurs.

234 — Assiette en vieux japon; riche décor à fleurs et compartiments, partie fond blanc, partie fond gros bleu.

235 — Huit jolies Assiettes en vieux chine de la famille rose, décorées au centre de jardinières garnies de fleurs, et sur le bord de lambrequins.

236 — Cinq jolies Assiettes en vieux chine de la famille rose, décorées au centre d'objets d'ameublement en noir, rouge et or, et sur le bord de lambrequins et de fleurs.

237 — Huit Assiettes en vieux chine, décorées au centre de kakémonos et de fleurs en noir, rouge et or, et sur les bords de lambrequins à dessins bleus avec médaillons en grisaille.

238 — Quatorze Assiettes en vieux chine de la famille rose, décor à pivoines rehaussé d'or.

239 — Dix Assiettes creuses en vieux japon, décor à fleurs, marly quadrillé.

240 — Six Assiettes creuses en vieux japon, décor à fleurs.

241 — Onze jolies Assiettes en vieux japon offrant au centre des armoiries, au marly des arabesques et sur le bord des lambrequins en bleu, rouge et or.

242 — Quatorze Assiettes en vieux japon, décor à fleurs et balustrade en bleu, rouge et or.

243 — Douze Assiettes en vieux japon, décor à bouquet de pivoines et entrelacs au centre; bordure à fleurs.

244 — Quatorze Assiettes octogones, en ancienne porcelaine de l'Inde; décor à paysages.

245 — Huit Assiettes en vieux japon, décor à fleurs.

246 — Dix Assiettes en vieux japon, décor à fleurs.

247 — Trois Assiettes creuses en vieux japon, décor à fleurs.

248 — Six Assiettes creuses en vieux chine famille rose, décorées de jardins.

249 — Vingt et une Assiettes en vieux chine de la famille rose; décors à fleurs.

250 — Douze Assiettes en vieux chine de la famille rose, décorées au centre de grandes feuilles et de fleurs, bordure à médaillons.

251 — Deux Assiettes en vieux chine de la famille rose, décorées de fleurs au centre; bordure à médaillons.

252 — Six Assiettes en vieux chine de la famille rose, décorées au centre de vases en noir et or et de fleurs.

253 — Huit belles Assiettes en vieux chine décorées au centre de plantes et de canards; sur le bord de médaillons à fleurs avec compartiment à fond bleu.

254 — Huit Assiettes en vieux japon; décor à fleurs, marly fond rouge.

255 — Quinze Assiettes octogones en ancienne porcelaine de l'Inde, décorées d'objets d'ameublement et de fleurs.

256 — Onze Assiettes en vieux japon ; décor à fleurs, marly fond rouge.

257 — Vingt-neuf Assiettes en vieux japon; décor à fleurs avec grands lambrequins, fond bleu.

258 — Huit Assiettes en vieux japon ; décorées d'objets d'ameublement et de fleurs.

259 — Dix-huit Assiettes en vieux chine de la famille rose, décorées au centre de jardinières et de fleurs et, sur le bord, d'éventails développés et de médaillons à fleurs.

260 — Sept Assiettes en vieux chine de la famille rose, décor à fleurs; bordure fond rose quadrillé.

261 — Cinq Assiettes en vieux chine; décor à paysages rehaussé d'or.

262 — Dix-huit belles Assiettes en vieux japon riche, décor bleu, rouge et or, à grands lambrequins.

263 — Dix-huit Assiettes en vieux japon, décorées au centre d'objets d'ameublement et sur le bord de grands lambrequins et de médaillons fond bleu.

264 — Six beaux Compotiers en vieux japon côtelés; riche décor à fleurs, partie en relief.

265 — Six jolis Compotiers en vieux japon, riche décor à fleurs, chimères et lambrequins en bleu, rouge et or.

266 — Joli petit Compotier en vieux chine, décoré au centre d'objets d'ameublement et de fleurs.

267 — Petite Assiette en vieux japon à bords dentelés; décor polychrome.

268 — Coupe forme feuille en vieux japon ; décor bleu, rouge et or.

269 — Deux Compotiers en vieux chine, décorés de quadrupèdes et de fleurs.

270 — Deux Fraisiers avec leurs plateaux en ancienne porcelaine de l'Inde ; décor à fleurs et insectes.

271 — Deux Compotiers en vieux chine ; décor à arabesques et fleurs sur fond bleu, et pivoines sur fond blanc.

272 — Deux Compotiers en vieux chine, décor à fleurs et oiseaux.

273 — Quatre jolis Compotiers en vieux japon à bords côtelés, partie fond blanc, fond bleu et fond rouge, offrant au centre des poissons dans les flots de la mer.

274 — Quatre petits Compotiers carrés en vieux chine; décor paysages.

275 — Quatre Compotiers en vieux chine ; décor à fleurs.

276 — Quatre Compotiers en vieux chine de la famille rose, à fleurs, revers couleur capucine.

277 — Trois jolis Compotiers en vieux chine, décorés

au centre de vases et de fleurs, et sur le bord de médaillons à paysages.

278 — Deux Compotiers en vieux chine, décorés au centre d'oiseaux en noir et or et de fleurs ; bordure à lambrequins.

279 — Six beaux Compotiers en vieux chine de la famille rose.

280 — Trois jolies Assiettes à bords contournés en vieux chine de la famille rose ; décor à fleurs et lambrequins.

281 — Deux Coquilles en vieux chine de la famille verte, décor à jardinières et fleurs.

282 — Quatre Coquilles en vieux chine de la famille verte ; décor médaillons à fleurs sur fond rouge semé de pivoines et d'entrelacs.

283 — Quatre Cendriers en vieux chine ; décor cigognes, fond quadrillé à fleurs.

284 — Coupe de Chine ; décor à fleurs et losanges.

285 — Service de thé de Chine, composé de six tasses avec soucoupes et présentoirs, théière et sucrier, décor à figures.

286 — Petit Plateau oblong en porcelaine à la reine ; décor à fleurs.

VERRERIES

287 — Beau Service de table en cristal gravé pour vingt-quatre couverts.

288 — Carafe à champagne en verre craquelé.

289 — Deux Carafes à vin en verre uni.

290 — Deux pelles à glace.

291 — Verre d'eau, composé de cinq pièces rehausseés d'or.

292 — Lavabo taillé.

293 — Quatre Compotiers avec couvercles et plateaux rehaussés d'or.

294 — Quatre Plateaux.

295 — Verre d'eau émaillé et rehaussé d'or.

296 — Verre d'eau composé de cinq pièces rehaussées d'or.

297 — Verre d'eau composé de trois pièces rehaussées d'or.

298 — Deux petits Moutardiers côtelés et rehaussés d'or.

299 — Porte-huilier côtelé et rehaussé d'or.

300 — Deux Porte-bouquets, gravés et rosés, montés en bronze doré.

301 — Deux petites Aiguières avec plateaux.

302 — Six Verres de différentes formes.

303 — Garniture de trois pièces en cristal de roche, obélisque surmonté d'une petite figurine en bronze doré et de socles carrés, surmontés de figures d'*Hercule* en argent.

IVOIRES

304 — Beau Jeu d'échecs en ivoire sculpté composé de trente-deux pièces représentant des guerriers et personnages chinois, avec table-échiquier en laque noire et or, et sa cage.

305 — Joli Vase cylindrique en ivoire finement sculpté représentant une ville chinoise animée de nombreuses figures.

306 — Autre Vase analogue au précédent.

307 — Joli Bénitier en ivoire de Dieppe, offrant au centre la sainte Vierge, de chaque côté des archanges et au fronton les allégories de la Foi, de l'Espérance et de la Charité.

308 — Paire de jolis Flambeaux représentant *Vénus portant l'Amour.*

309 — Statuette de *Diane chasseresse.*

310 — Statuette : *la Méditation.*

311 — Deux Bustes de Bacchantes sur colonnes cannelées.

312 — Bénitier représentant *l'Assomption des anges.*

313 — Statuette représentant *Duquesne.*

314 — Statuette : *la Vénus pudique.*

315 — Statuette : *Flore.*

316 — Porte-Allumettes avec figure d'enfant, allégorie de l'Été.

317 — Deux figurines : *Enfant au petit chien* et *Enfant au petit chat.*

318 — Deux figurines : *Enfant aux cymbales* et *Enfant au dauphin.*

319 — Deux statuettes : *Pêcheur* et *Pêcheuse.*

320 — Petit Groupe d'enfants jouant avec un chat.

321 — Petit groupe : *Deux Amours se disputant un cœur.*

322 — Deux petites Figurines d'après Pradier : *la Caresse* et *la Tentation.*

323 — Jolie statuette : *Flore.*

324 — Deux Figurines : *Baigneuses.*

325 — Figurine : *la Vénus de Milo.*

326 — Figurine : *Apollon.*

327 — Belle Garniture de toilette composée d'une brosse à cheveux, brosse à poudre, brosse à chapeau, brosse à habits, brosse à ongles, brosse à peigne, peigne, baguette à gants, deux miroirs à main, deux boîtes à poudre, une boîte à pommade, brosse à dents et lime à ongles.

328 — Deux Figurines en ivoire : *l'Été* et *l'Automne.*

329 — Deux Figurines : *l'Innocence* et *la Pudeur.*

330 — Figurine : *l'Amour aux tourterelles.*

331. — Figurine : *l'Amour au repos.*

332 — Figurine : *Andromède.*

333 — Deux petits Groupes formant bouchons.

334 — Joli Porte-Cartes en ivoire sculpté, travail chinois.

335 — Boîte à mouches en ivoire sculpté représentant le *Jugement de Pâris.*

336 — Bonbonnière en ivoire, avec figure d'arlequin sur le couvercle.

337 — Figurine : *Joueur de clarinette.*

338 — Collier en malachite, avec croix.

339 — Collier en acier, avec monocle.

340 — Boîte à musique, avec fixé port de mer.

341 — Petit Groupe en ivoire : *la Sculpture.*

342 — Petite Figurine : *Madame de Maintenon.*

343 — Bonbonnière en écaille, avec fixé paysage.

344 — Deux Vases en ivoire finement sculpté, travail chinois.

345 — Bonbonnière en écaille avec miniature : *la Déclaration.*

346 — Bonbonnière en écaille sculptée, travail chinois.

347 — Petite Coupe en agate; monture émaillée enrichie de pierreries.

ÉVENTAILS

348 — Très bel Éventail du temps de Louis XV représentant d'un côté Junon venant visiter le camp de Mars, et de l'autre côté une chasse; monture en nacre finement sculptée à jour, avec ornements rehaussés d'or, en parfait état de conservation.

349 — Éventail du temps de Louis XV représentant une scène pastorale; monture en nacre sculptée à jour et décorée, représentant des sujets champêtres et des rocailles.

350 — Éventail du temps de Louis XV représentant la cour de Vénus d'un côté, et de l'autre le départ d'Ulysse; monture en nacre sculptée à jour, à figures et ornements rehaussés d'or.

351 — Grand Éventail, feuilles à médaillons, scènes pastorales, fond noir à fleurs; monture en nacre avec sujets et ornements à rehauts d'or.

352 — Éventail Louis XVI, feuille en soie; monture en ivoire sculptée et rehaussée d'or.

353 — Éventail en ivoire sculpté, travail chinois.

354 — Éventail en laque du Japon à double face.

355 — Éventail en vernis Martin représentant d'un côté la Présentation de Télémaque à Calypso, de l'autre un paysage.

356 — Éventail en ivoire représentant d'un côté les Conseils de l'Amour, de l'autre un paysage.

357 — Éventail Louis XVI, décor à scènes champêtres, monture en ivoire sculptée et décorée.

358 — Éventail Louis XV représentant l'île d'Amour; monture en nacre finement sculptée.

359 — Éventail, monture en ivoire, feuilles à double face, sujets allégoriques Louis XVI.

360 — Éventail, monture en ivoire, feuilles décorées dans le style pompéien.

361 — Éventail Louis XV, allégorie de l'Hyménée; monture en ivoire à figures et ornements sculptés à jour.

DENTELLES, CACHEMIRES, FOURRURES

362 — Jolie Garniture en ancien venise, dessin très fin. Longueur : 7m80.

363 — Cache-corset en vieux venise, dessin très fin.

364 — Paire de Pagodes, même dentelle.

365 — Barbe, même dentelle.

366 — Coupe de point d'Alençon. Longueur : 1m95.

367 — Coupe de point d'Alençon. Longueur : 2m20.

368 — Barbe en malines.

369 — Coupe de malines. Longueur : 2m20.

370 — Pointe en vieux gothique.

371 — Bonnet et Barbe de malines.

372 — Coupe de malines. Longueur : 3 mètres.

373 — Fond de bonnet en guipure.

374 — Pèlerine en ancienne guipure.

375 — Coupe de malines. Longueur : 2 mètres.

376 — Plusieurs Mouchoirs en vieux venise.

377 — Plusieurs Mouchoirs garnis de très belles broderies. (Seront vendus séparément.)

378 — Beaux Cachemires de l'Inde longs et carrés. (Seront vendus séparément.)

379 — Belles Fourrures martre du Canada et autres.

380 — Robe chinoise en satin brodé d'or.

LIVRES ET MANUSCRITS

381 — Beau Missel du XVIe siècle enrichi de miniatures, de vignettes et de majuscules en couleur rehaussées d'or. Jolie reliure en cuir.

170.— 382 — Livre de première communion d'Augsbourg, ayant appartenu à la Princesse d'Orléans, édition rare. Belle reliure en écaille garnie d'argent doré et repercé, ornée de quatre émaux de l'époque Louis XIII.

191.— 383 — Beau Livre d'heures, avec planches en gravure et chromo. Reliure en maroquin rouge, garniture en argent doré et repercé.

300— 384 — Joli Missel illustré de Curmer, doré sur tranches mohairées, reliure en vermeil repercé et ciselé représentant des sujets allégoriques.

220— 385 — Beau Missel de Simon Vost, avec planches et

majuscules enluminées et or à figures. Bel exemplaire, reliure en cuir brun.

386 — Joli Livre de prières illustré, avec encadrements enluminés, reliure en cuir rouge doré au petit fer.

387 — Les *Psaumes de David*, arrangés par Clément Marot. Reliure du temps.

388 — Choix de Chansons. Joli petit exemplaire.

389 — Proverbes inédits de Madame la Marquise de Maintenon. Joli exemplaire.

390 — Bibliothèque portative du voyageur. 1 volume.

391 — IVe Livre de l'*Imitation de Jésus-Christ* par Thomas à Kempis.

392 — *Ver-Vert*, de Gresset. 1 petit volume.

393 — *Amora*, Poesia de Giornaletto.

394 — Les *Baisers*, de Victor Develay. 1 petit volume.

395 — Manuscrit Oriental. Reliure en cuir rouge.

MOBILIER

CABINET DE TRAVAIL

396 — Meuble à hauteur d'appui à trois pans en poirier noirci et sculpté.

397 — Bureau en marqueterie de cuivre écaille, style Louis XIV.

398 — Deux paires de Rideaux en damas de soie rouge.

SALLE A MANGER

399 — Table ronde de salle à manger, en acajou sur un seul pied sculpté, avec deux rallonges en acajou et six 1/2 en bois.

400 — Douze chaises en acajou sculpté couvertes en velours rouge.

401 — Deux Vitrines en bois de rose et palissandre.

402 — Deux paires de Rideaux en velours rouge.

PETIT SALON

403 — Deux Tables de jeu en marqueterie cuivre et écaille, style Louis XIV.

404 — Deux paires de Rideaux en damas soie rouge.

405 — Un Pupitre en marqueterie.

406 — Une Boîte à jeux.

VERANDA

407 — Trois Supports en fer doré.

408 — Quatre Fauteuils en marqueterie chinoise, ivoire et bois.

409 — Petit Guéridon en marqueterie chinoise, ivoire et bois.

GRAND SALON

410 — Très grand Canapé chinois en bois de fer sculpté garni en damas de soie, fond rouge et vieil or.

411 — Beau Meuble de salon, composé de : deux Canapés, quatre Fauteuils, quatre Chaises, style Louis XIV, ornés de marqueterie de cuivre et couverts en tapisserie d'Aubusson, tissée d'or et d'argent.

412 — Grand Canapé à trois médaillons, pareil aux meubles précédents.

413 — Quatorze Chaises volantes, laquées et dorées et couvertes en tapisserie d'Aubusson pareille au grand meuble.

414-415 — Deux grands Meubles à hauteur d'appui, avec panneaux en marqueterie de Boule, époque Louis XIV, à trois portes chacun et garnis en bronze doré.

416 — Deux Meubles à hauteur d'appui à une porte, panneau en marqueterie de Boule et bronze doré.

417 — Très belle Table en bois sculpté et doré, travail à jour ; le dessus en mosaïque de Florence orné de fleurs, d'oiseaux, d'insectes et fruits, style Louis XIV.

418 — Six paires de Rideaux en tapisserie d'Aubusson, pareils au meuble, avec leurs garnitures et galeries.

419 — Glace cadre doré, Louis XIV, à contours et ornement, couronnée par un bouquet de fleurs.

420 — Grande Glace de cheminée, cadre doré, style Louis XVI, couronnée par un bouquet de fleurs.

421 — Glace, cadre en bois doré, Louis XIV.

422 — Petite Table en laque.

423 — Quatre grandes Galeries en bois doré.

424 — Guéridon en laque de Chine à rehauts d'or avec échiquier et jeu d'échecs tout en ivoire sculpté.

PETITE SALLE A MANGER

1er *Étage.*

---

425 — Table en certosine à deux battants.

426 — Buffet-Étagère en certosine.

427 — Six Chaises en certosine garnies et couvertes en velours frappé rouge.

428 — Glace avec cadre en cuivre poli cannelé.

PETIT SALON

1er Étage.

429 — Table carrée à contours en marqueterie.

430 — Quatre grands Fauteuils, couverts en imitation de velours de Gênes.

431 — Tabouret en tapisserie.

432 — Deux Chaises volantes en laque, couvertes en damas de soie rouge capitonnées.

433 — Petit Secrétaire élevé sur quatre pieds, époque Louis XIV, en marqueterie en bois.

434 — Vitrine à deux battants, en marqueterie de bois.

435 — Petite Bibliothèque en bois de rose et palissandre.

436 — Deux paires de Rideaux en laine à ornements et fleurs polychromes.

PREMIÈRE CHAMBRE A COUCHER

437 — Grand Lit, Table de nuit et grande Armoire avec glace au milieu et deux portes latérales

en bois noir, richement orné d'incrustations d'ivoire, style Renaissance.

438 — Quatre Chaises en bois noir avec incrustations d'ivoire, garnies et couvertes en velours rouge frappé.

439 — Deux petites Chaises volantes laquées.

440 — Bureau en bois noir avec incrustations d'ivoire et pierres de diverses natures, lapis, cornaline, porphyre et agate.

441 — Meuble à hauteur d'appui à deux battants, en bois noir, avec incrustations d'ivoire et d'écaille.

442 — Petite Table carrée en bois noir, incrustations d'ivoire.

443 — Garniture de Lit et quatre Rideaux de fenêtres en brocart rouge et vieil or.

444 — Petite Caisse en laque de Coromandel, fond rouge.

445 — Pupitre en laque du Japon à rehauts d'or.

446 — Trois paires de petites Consoles d'appliques en bois sculpté et doré, style Louis XV et Louis XVI.

DEUXIEME CHAMBRE A COUCHER

447 — Grand Lit, en bois de rose et palissandre. Armoire à glace et deux petites Étagères.

448 — Grand Meuble à hauteur d'appui à deux portes, en bois de rose et palissandre, surmonté d'une Étagère avec glace dans le fond.

449 — Meuble-Étagère, en bois de rose, palissandre et marqueterie à vases de fleurs, surmonté d'une étagère vitrée garnie en bronze.

450 — Petite Table-Toilette, intérieur à glace, en bois de rose et palissandre, filets en marqueterie, époque Louis XVI.

451 — Table à jeu, bois de rose, palissandre et marqueterie de fleurs.

452 — Guéridon à trois pieds, palissandre et marqueterie à vases de fleurs et oiseaux.

453 — Canapé-Lit, couvert en velours bleu capitonné, avec deux coussins.

454 — Cinq Chaises laquées garnies et couvertes en soie, avec dessins bleus et blancs, capitonnées.

455 — Quatre paires de Rideaux et garniture de lit en soie bleu ciel, brochée, et sujets chinois en blanc et pareils au lit.

---

456 — Meubles divers.

457 — Beaux Tapis d'Orient et moquette couvrant la majeure partie des appartements. (Seront vendus séparément.)

A PARIS

DES PRESSES DE D. JOUAUST

Imprimeur breveté

RUE SAINT-HONORÉ, 338

www.ingramcontent.com/pod-product-compliance
Ingram Content Group UK Ltd.
Pitfield, Milton Keynes, MK11 3LW, UK
UKHW021627260726
13994UKWH00003B/1114

9 782329 512174